처음 처럼...

도서출판 현대시선

2006& 윤기영

처음처럼...

지 은 이 : 윤기영
펴 낸 이 : 우미경
편　　집 : 윤기영
일러스트 : 백정호

인　　쇄 : 초판인쇄 2006년 10월 9일
인　　쇄 : 초판발행 2006년 10월 15일
펴 낸 곳 : 도서출판 현대시선
주　　소 : 경기도 부천시 원미구 원미동 147-12호
전　　화 : 02-2633-5756　02-844-5756
팩　　스 : 02-831-5832
등　　록 : 제 387-2006-00017호
ISBN　: 89-957993-4-X-03810
값 7000원
홈페이지: http://www.hdpoem.co.kr
이 메 일: film20022002@hanmail.net

처음처럼

윤
기
영
시
집

도서출판 현대시선

저자의 말

가을이 오면 체온에 남긴 삶의 흔적들이 정서적으로 나를 뒤흔들곤 한다. 중년의 낙엽 같은 고운 자태로 인생을 구겨 만든 얼룩무늬 같은 갈잎에 흔들다 바람 되어 뒹구는 들녘엔 몹시 보고픈 영혼의 소리가 있었기에 때론 슬프고 때론 외롭게 한다.

시집을 내면서 가슴 설레는 느낌도 벅차오르는 감동도 처음처럼 살아 숨 쉬는 듯하다. 시란 험난한 삶의 예고가 아니던가. 부족한 시를 독자와 함께 한다는 자체가 부끄럽기도 하고 덜 숙성 된 것은 맛을 느끼진 못하지만 자신의 도취에 빠져 삶이 되어버린 지금 어떤 결론도 찾지 못한 시를 세상 밖으로 다시 돌려보낸다.

이제 우린 어떤 결론을 찾아 긴 여행을 시작하는지도 모른다. 문학 소년처럼 강당에서 들려오는 가르침의 목소리는 늘 주위를 맴돌며 세상을 깨우치고 사물을 바라보는 시선들은 지금의 현실이 아니던가? 시를 추구하는 정신세계만큼은 장인 정신으로 모든 것을 아름답게 바라본다.

우린 많은 시행착오를 겪으면서 다듬어진 한 조각이 되어 새롭게 태어나려고 몸부림치는지도 모른다.

말만은 시어들은 한 인간을 지배하며 숨 쉴 틈 없이 매질함으로서 음과 양이 만나 희비로 가슴에 남긴 앙금들은 시가 되어 공유하며 떠나보내는 지도 모른다.

시를 준비하고 편집하면서 자신의 한계를 느끼는 것은 시를 배우기 위한 채찍과 준비 과정이 아닌가 생각하며,
자신과의 인내와 고단한 싸움이라 생각하면서 아쉬움을 남긴 채 가을에 남긴 많은 사연들을 담아 독자로부터 가슴에 남는 간결한 가을노래가 되었으면 합니다.

책 출간에 애써 주신 현대시선 출판부 임직원들에게도 감사의 말씀 전합니다.

2006년 10월 1일

저자 윤 기 영

1부

우린 늘 처음이었어

poem

2부.

당신이 남긴 가을의 노래

poem

3부.

삶의 흔적들은 가슴이어라

poem

4부.

가을을 걷는 울림의 소리

poem

5부.
눈빛이 시리도록 아팠던 기억

poem

1부

우린 늘 처음이었어

그대가 나를 너무 사랑했기에
험난한 절벽 위에 고운 손이 있어 슬퍼하고
바람 아닌 바람으로 내면을 다스리며
먼 훗날 한 페이지 글 속에 우리가
처음처럼 그대를 사랑했노라고 말하는 거야.

처음처럼 중에서

처음처럼

가을

가을에 남겨 스치는 바람 같은
하얀 눈 속에 살아난 처음은
그대의 눈빛에 가을을 아프게 했어
함박눈 속에 노랫소리가
오늘로 다시 돌아와 있기에

세상을 사랑했기에 그대가 있고
지금 이 자리가 있는 거야
숨겨진 사랑은 세상 끝 같은 것을 잡지 못했기에
모두 감싸며 아파하는 거야

그대가 나를 너무 사랑했기에
험난한 절벽 위에 고운 손이 있어 슬퍼하고
바람 아닌 바람으로 내면을 다스리며
먼 훗날 한 페이지 글 속에 우리가
처음처럼 그대를 사랑했노라고 말하는 거야.

처음처럼

카페에서

우린 늘 처음처럼 시작했으면 했어
집단으로 만든 둥지 속엔 말을 먹고 자라
허상 아닌 허상으로 상실되어가는 것을 보며
처음 거울 끝에 비춰 돌아보라 말 했어

하루 처음처럼 배우며
올라가야할 태산 같은 떡잎 보며
황새걸음마냥 여름 건너 낙엽 길 보다
새 둥지 지려고 갈잎문채 털갈이 본다

처음처럼 버려야 할 것들
시야가 가려진 밝은 빛 바라보며
짧은 날갯짓에 기웃거림만 보이는 것은
겉치레 버리지 못하였기 때문이었어.

가을 사랑

구월에 만난 여자 닮은 거리엔
아팠던 기억 뒤로 눈에 낯선 잎새가 좋더라
낙엽에 물들인 사랑은 아니어도 다가오는 느낌만으로
광케이블 타고 흐르는 조바심에 새벽이 오면
차갑게 돌아선 여름 피부마저 감싸 달라 노래 부르네

커피향기 같은 향수를 느끼진 못해도
가슴을 엿듣는 귀뚜라미 사랑은 오는가
생각을 만들어낸 미련들은 불타고 있지만
낙엽 끝에 매달린 그리움 하나 바람이련가
강 건너보내는 가을은 창가에 출렁이다 눕는다.

당신 뒷모습 떠올라

가을을 사랑했어요
당신이 거리에 남긴 상처 때문에
가을이 시작되기 전에 얼룩진 표정이
사납게 핥고 간 안식처란 이름마저 미웠어

가을 걷던 표정 하나가
숨소리마저 식어 들을 수 없어
일초라도 감쌀 수 있다면 느낄 수 있다면
이 밤이 이 가을이
슬프지 않다고 말하고 싶은데
숨소리마저 어디로 갔는지 듣고 싶은데
체온마저 느낄 수 없어 허공에 웃고 말았어

당신이 보고파 아무 말 못 했어
가슴에 갇혀
마르지 않는 눈물샘이었어
끝내 뒷모습이 떠올라.

두렵지 않은 사랑

두렵지 않아요
이보다 더 큰
끝은 두렵지 않아요
그대 간직하고 있기에

응답 없는 기다림
안개타고 밀려와
보고파질 때면
서러워질 때면
눈물이 되어도 두렵지 않았어

꽃이 피었다 시들어 가는
몸부림 앞에
사랑해 줄 사람 없는 이유
두렵지 않아
그대 가슴에 있으니까.

상처

시들어 가는 꽃을 보았다
조금씩 물을 주어 본다

뒤척이던 밤
너를 만난 꿈속에서
활짝 핀 꽃들을 그렸다

밤새 꽃은 간 곳 없고
바람에 한 잎 두 잎 떨어져
앙상한 가시들만 남았다

화폭은 흔적만 남긴 채
누렇게 얼룩져 있고
어둠을 마시고 메아리친다

햇빛은 창을 넘어와
나를 감싸니
온몸 녹아 꽃이 되었다.

나 그대 부르고 싶어

비가 그친 침묵은
그대 생각 떠올라
몹시 그리운 날입니다

촛불 속에 그려지는 애절함은
그대 숨소리 왔다간 가슴에
타오르다 잠들다 시들어갑니다

사막에 헝클린 머릿결은
만지면 흩어질 것 같아
잡으면 날아갈 것 같아
그대 생각에 멈칫합니다

창가에 찾아온 목소리
바람이 뿌린 빗물 같고
그리움에 메마른 눈빛은 시들어
그대 부르는 노랫소리만 가득합니다.

낙엽이 아프다 울면

꽃잎 철새 바람 따라 흐르고
낙엽으로 단장한 언덕 위
솔솔 노을빛 입맞춤하니
가을밤 꽃잎에 멈춘 거리다

타인들 같은 흐름은
투박한 억양 눈빛이 울고
마음 묶은 들녘엔 안개 빛
탄소의 입술이 앙앙 짖는다

인생을 쫓는 신호등 불빛은
아프다 부르면 뒷걸음치고
서울에서 출발한 완행열차
고갯길 물든 잎새 피어난다

겨울이 춥다 낙엽이 울면
모닥불 타다만 불씨에 녹이고
가을을 벗긴 하얀 함박눈
바람이 멈추다 걷는 발자국 하나.

빈 의자에 낙엽 한 잎

깊어 가는 가을
그 세월만큼 붉어진 잎들이
줄 비하게 바람을 엎고 비행하는데

내 빈 의자엔 아직도 낙엽 한 잎

가을비로 거친 하늘 밑
마르지 못해 젖어 누운 조바심엔
마지막 잎새만

준비 없듯 준비 된 겨울 문턱
시간의 엉킨 틈으로
마지막 햇살 하나 어둠을 부른다

빈 의자 젖어 누운 잎새 하나
그리고 마지막 잎새 하나 뚝
겹쳐 둘 된 사랑 하나를
내일 햇살은 나목아래 비추겠지.

햇살을 잉태한 나뭇잎

낙엽의 울림은
천리 길을 뚫고
붉게 울부 짖으며
떠나는 순서 없는 나뭇잎

바람 소리도 눈빛도
화폭에 담긴 색채로
터질 듯이
음률로 떨고 떤다

익어가는 사과 같은 그리움
가을이 아쉬워
희미한 기러기 떼
방향 없이 어둠을 난다.

낙엽이 그리운 햇살

가을을 깊게 먹은 낙엽이
파르르 떨고있다

열기 잃은 그늘 속
찬바람에 낙엽은 익는다

가을 비 젖은
햇살 그리움 가득하지만
낙엽지는 시간이 짧아만 진다

햇살 맞아
깊어 가는 퇴색에
바람마저 애닯게 스치고

달빛 그리움
마디마디 아침 햇살가득
송글송글 기다린 밤이 길었다.

강물에 익사한 꿈들

강물에 떠있는 꿈들이
억새를 부르고 바람에
한 겹 벗긴 햇살의 오열은
깊은 심열의 떨림으로 소멸된다

눈가에 흐르는 맑은 물로
씻기어 내려는 마음까지 달라하니
꿈들의 청사초롱 강물이 삼키었는지
날수 없는 새들은 또 다른 굴레를 짓네

낙엽으로 지은 둥지는
움직이면 부서질 것만 같고
균열된 강둑을 무너질 것만 같아서
조바심은 여울목 흐름처럼 나를 삼킨다

강물로 뛰어들고 싶은 충동엔 등지려는 땅이 말없다
꿈이 흐르는 강물 위 나래엔 억새풀이 꺾이지 않고 서있다
강물로 씻긴 마음은 깊이 패이고 그 자리는 길기만 하다
강물위로 얼비친 구름사이엔 복권의 꿈이 스쳐 지나간다.

눈빛별이 반짝이는 밤

설원에 서리는 하얀 외로움은
두근거리고 휘날리는 떨림이
녹슨 바람의 눈빛으로 화려하지만
선율 속 남긴 숙취는 비가 된다

뽀얗게 펼쳐지는 첫눈은
어둠을 뚫고 별이 되어 있건만
장벽에 부딪혀 쌓이는 눈처럼
그리움들이 포개 눕는다

겹쳐 누운 살갗에 터트린 울림은
한라 백두의 12폭 명주였나
붉게 솟구치는 그리움이
설원을 검게 물들인다

타버린 재로 쓴
보고 싶다는 짧은 편지를
남동풍 하늘로 보낸다
눈빛별이 반짝이는 밤.

달력에 있는 꽃을 바라보며

가슴을 덮어쓴 달력하나
마음에 새겨진 이름은
겨울 빛 창가 다가와 있다
진주처럼 영롱한 빛이

화려함을 벗긴
거리의 어둠도 안개비도
햇살로 녹인다
겹겹 쌓인 살얼음판이 녹는다

남동풍타고 날아든 향기
달력을 삼켜버리고 말았다
스쳐가는 세월 하나둘
12월 수놓을 날들이 나를 부른다

달력이 벗긴 울림은 회선타고
살갗으로 맺힌다
달력위로 그려진 석류꽃은
빛을 타고 피어난다.

그대 이름하에 무르익는 시여

가을 산을 바라보며 흐르는
강물엔 햇빛으로 꿰맨
명주가 유난히 아름답다

아니 가을 산
극에 달한 빛처럼
시인의 맘이 그렇고

멈추면 죽는 줄 알면서도
그곳에
멈추고 싶으니

마지막 잎새가
바람은 휘감는
발악으로.

길모퉁이 사연 하나 뒹군다

얼어붙은 발자국마다 끈들이
늘어서 있다
가슴을 묶었다 풀었다 하며
긴 가지에 인생을 동여매
무게를 저울질하듯
바람이 비웃고 모여든다
문지방에 모난 끈들은
끊어질 듯하면서도
인생을 비집고 토막토막 묶는다
밤을 새우고 흐르지 않는 이슬은
추운 것이 아니라 걷기가 싫음이다
발자국마다 쏟아지는 신음 앓고
스쳐간 바람이었나
겨울이 서러워 외면하는 걸까
뒤앙스 풍기는 책 속엔
약속했던 기억도 희미해져 가는데
사연들만 길가 걸어 다닌다.

낙엽은 꽃잎 되어

가을이 오면
가을이 가면
바라보는 마음은 달리고
생각하는 가슴은 멈춘다

가을이 가면
겨울이 오면
가을꽃 뒹굴면 낙엽이 되고
겨울이 멈추면 서릿발 된다

가을이 가면
넓은 호수에 흐르는 맘
세월만 얼어붙어 버리고
미끄러진 빙판만 기다린다

겨울이 오면
바람 편에 떠다니는 맘
전할 수 없이
얼어붙은 호수 밑바닥에 잠잔다
봄이 오면
꽃잎은 낙엽에 묶인 채.

그대 그리고 나 같은 그리움

그리움 어디에
그대 향해 들쑥날쑥
기분 좋은 날 멈추고
기분 나쁜 날 충동 출렁
보고 싶어 사납고
거리도 마음도 도배한다
눈감으면 더 그립게

수채화 속에 그린 꽃
밤새 타다만 잿빛 위로
그대 그리고 나
같은 밤 같이 그리면
되는 건가요

꿈속에 써놓은 편지들
가슴에 남긴 채 떠나면
아침이 두려워요
허상들로 가득하니까요

시간이 우울하면
그리움도 짙어만 갑니다
기분 좋은 그리움은 멀어지고
기분 나쁜 그리움만 다가서네요
그대 간이역에 들렀다 갑니다.

잊으려 눈을 감았어

무대에 올린 광대를 보며
담배를 피웠어
원하지 않는 연극을 보며
답답해 말문 막혀버린
광대 같은 사람 감쌌다 돌아온 것은
짓밟힌 상처투성이 바라봐
웃고 있는 입이 보여 웃었어
지독한 담배 중독에 걸린 연극 위로
검게 쓴 가면 속에 광대의 얼굴 바라봐
거짓으로 물든 달콤함으로 물든
광대의 구겨진 이름 진실을 접어 펴봐
입술에 씹혀 녹아 다시 태어날 수 없어
입에 맴돌다 뱉어내지 못한
고독은 목젖까지 몽골몽골 굴렀어
담배연기로 질식하기까진 아픔이었지만
뱉어낸 말들이 몸을 감싸 달렸어
광대들의 놀이터엔 침묵의 종소리 뿐
밥 달라 애원하는 인생이 슬펐어.

눈 속에 짊어진 무게 때문에

사랑했기에 아팠어
거론되는 목소리가 새어들 때면
몸에서 거부하는 취조에 깨어나
사지가 옹기종기 골마 것으로 웃다
숨기며 삭히다 심장 박동만 거칠어졌어
아무도 없다는 것 생각을 묶어 버렸어
기억하나가 잠을 깨우는 거야

시어들이 일어나 나를 때리고 있어 떠나지 못하고
그대가 있어 또다시 버릴 수 있었지만
눈 속에 짊어진 무게는 생각을 생산하고
버리지 못함은 나쁜 기억 속에 잠들지 못 했어
내가 원했던 사랑이 시를 만들다 돌아왔지만
맑은 거리마다 지나가는 비에 젖어
어깨가 짓눌린 무게를 벗고 떠나는 길엔
처음처럼 만나 걷고 있는 밝은 표정이 있기에.

1부.
당신이 남긴 가을의 노래

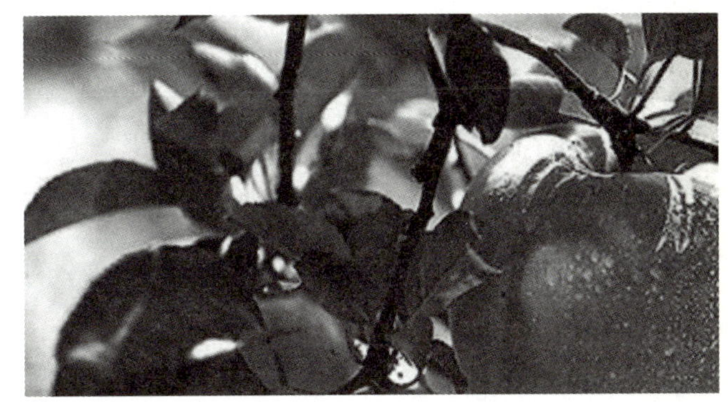

저 꽃노을 흐름 뒤에
함께 걸었던 삶의 흔적들로
남겨놓은 많은 이야기들이
눈가에 아른거려 눈물이 난다
못다 한 말 가슴에 남은 체온들
만나는 날까지 잊을까
당신 생각에 눈물이 난다.

당신 생각에 눈물이 난다 중에서

당신 생각에 눈물이 난다

이런 날이면 눈물이 난다
내가 힘들고 고독할 때
발걸음이 무거울 때
멈출 수 없는 당신 생각에
눈물이 난다

저 꽃노을 흐름 뒤에
함께 걸었던 삶의 흔적들로
남겨놓은 많은 이야기들이
눈가에 아른거려 눈물이 난다

못다 한 말
가슴에 남은 체온들
만나는 날까지 잊을까
당신 생각에 눈물이 난다.

보고파 눈물이 난다

인생은 눈물이었나 보다
당신 걸던 길
낙엽지다 돌아 선 길
눈물 잠들 수 없어
눈물이라 부르는가 보다

석양이 물든 그림자 거쳐
꺾인 시간 속에
철없던 웃음 버리고
보고픔 감고 있어 아픈 거야
당신 가르침 속에
흔적 안은 구겨진 나날들
상상에서 벗어나지 못해
버려지지 않아
눈물겹도록 보고파지는 거야.

가을이 오면 영화 같은 길 걸어요

가을이 오면
영화 같은 길 걸어요
가을 담긴 콘티 북 열면
숨이 막힐 것 같은
피보다 짙은 거리 흐름 속
환상에 젖은 울림 길 걸어요

가을 지난 가을 돌아와
사경은 어둠 헤집고
병실복도 나타날 것 같아
바람이 흔든 숨소리 같아
달빛에 젖은 가을 돌아가
맥박위로 흑백필름위로
희미해져간
에필로그 이름 하나가
예고편은 눈물이 아니라고
낙엽이 피었다 지는 세월의 꽃이라고.

준비 없는 기다림

사랑은 이제
내 것이 아니었어
슬픔은 이제
준비된 이별이 아니었어

비바람 잊어 달라
눈물 삼킬 수 없는
아픔 견딜 수 없는
생각들 변하지 않았어
내일 데려가
아무도 없는 이렇게
부르던 이름 저렇게
처음처럼 사는 거라고
펴지지 않는
낙엽소리 떨어지려나.

흐트러진 마음하나가

언덕너머 새벽
가슴 메어져 오면
마음 하나인 줄 알았는데
아니었어

함께 걸었던 시간
다시 갈 수 없다는 걸
믿어지지 않아 슬픈 거야
잠에서 깨어나
아무도 없다는 걸
이유가 안 되어
이유가 되어 내가 미웠어
더운 바람에 흐트러진
시배하는 얄미운 마음이 싫었어.

술잔에 아침을 버렸어

인생은 술잔을 즐기며
술로 타버린 쉰 목소리 힘들다
높낮음 격차로 잡힌 발목이
버거운 술잔에 인생 운다고

세상이 낳은 혼돈의 일직선
생각을 묶은
탈을 벗기지 못한
갇혀버린 시험관 인생이었어

지쳐버린 술잔이 어슬렁대는 것은
밤을 지새워 비우지 않은
술을 믿기 힘들어 떠나지 못한
술잔에 아침을 버렸어.

가슴에 묻어 둘래요

사랑할 수 없었어
오래전 얘기가 처음처럼
문틈으로 비치다
어딘지 모른다고
알고 있는지 서성이지 않겠어
내가 누군지 모른다고

잊을 수 없었어
기억하나가 효자가 되어
잊으라하면 불효가 되어
떨칠 수 없어 안 잊어
따라가 데려가 기억하나
잠들지 않아 이렇게
처음부터 허브길 이었어.

기억 속에서 지워줘

가을 표정이 미워서
포기하지 못 했어
당신 닮은 나목아래 노래가
설렘 떠났다 커지고
기억 삼켜버린 어둠으로
장애가 되어 멈춘 길
되돌려 대여하고 싶었어

물들다 가을 떠나
무늬가 달라진 가을 걸었지
한 잎 두 잎 탈색 된
뜰에 찾아온 일락 시간은
스치다 잠든 상처소리 깨운
새벽바람은 우우우

기억하나가 이슬처럼
입술위로 흐르다
가을 먹고 밉게 자라
채우려 망설이지 마
나를 기억 속에서 지워줘 제발.

잃어버린 너를 찾아서

이젠 괜찮아
개 짖는 인척 없어
손잡을 수 없어 데려가
밤소리 멀어진 시를 그리면
멈출 수 없어 기다려

눈빛 돌아와
방향 없이 마주앉은
어두운 추억
오래 갇혀 두려워
기억할 수 있을 만큼 놓고 가

남동풍 잊을까 힘겨워
기다려 지나다 만날까
놓고 간 표정 없는 그 길에
잃어버린 눈빛 찾아 데려가
눈빛 살아있는 그곳으로.

내 마음 우체통에 갇히다

마주친 비가 당신 되어 흘렀어
눈빛 같은 울림은 내렸지만
아무도 없는 기억 되어 다른 곳에 있어
만날 수 없는 허상이라는 것에
왔다간 표정 없는 목이 메여와 빗속 걸었지

차갑게 매달린 추녀 끝 눈빛은 빗물이었어
빗줄기가 내리다 멈추다 남겨진 것
숨이 막히도록 잠들 수 없는 것
어둠이 내린 빗속 가슴만 부르다 감싸고 말았어
떨칠 수 없는 비가 같은 비가 되었지만
오래된 빗물 씻겨 내리다 보고픔 흐려질까.

당신 생각에 잠들 수 없었어

당신 생각에 잠들 수 없었어
견딜 수 없는 건 말할 수 없다는 것
만날 수 없는 건 거부할 수 없다는 것
생각은 그댈 볼 수 있고 생각은 그댈 멀게 했지
만날 수 있다는 기도 속에 잠들지 않았어

이보다 거센 아픔이 몰아 쳐와도 다 가시기 전에
기억 하나로 버틸 수 있는 여름을 걷고 가을을 걷는 거야
내 곁엔 없지만 무던히도 참았는데 그 가을이 다가와
바라 볼 수 없는 바라 볼 수 있는 가슴은 남았지만
영원히 함께 라는 것뿐 지금 멍하게 부르고 있어.

부르지만 대답이 없었어

노을을 걷는 소리가 어딜 갔는지
반사된 아기를 업고 달빛 움직임이 없는
기억에서 희미한 사진첩 위로 매미가 울면
여름이 가자하니 갈 길은 얼룩얼룩 멀 은데
시곗바늘 꺾은들 돌아갈 수 없는 그 길에 서 있다

흔적이 걷다 늘어선 길 찾고 있는데
갈등으로 만든 마지노선 푯말만 중앙차도에
자유노선과 굴곡진 언덕길이 내면을 자르고
그 시절 아늑히 먼 얘기로 서성이다 보이다 말고
당신이 안고 걸었던 소년이 커서 부르지만 대답이 없었어.

너와 함께할 수만 있다면

노래 들으면 두근두근 울렸어
가사 말이 살아온 인생 같아
흠뻑 적시다 말리다 꿈이 아닌
현실 같은 백골에 돌아와 있었지

노래가 좋아서가 아닌 일부가 되어가다
듣고 있다 체취가 그리웠는지 미웠어
너무 보고 싶어 홀로 꿈이 되어가는
주체할 수 없는 온몸으로 느껴진다는 것은

노래가 채운 막힘은 울렁울렁 거리다
목이 차도록 듣고만 있다 울지말아라
가사 말에 밟혀버린 눈이 돌아가는 길은
안개 속에 보이지 않는 떠나간 표정만 돌아왔어.

눈빛에 젖어 버렸어

꿈이 아닌 뒷모습은
남긴 초라한 앞모습이었어
꿈일지라도 웃는 그 모습 남아
사는 거라고 그날까지 기다려줘

절대 굴복할 수 없어 힘들 것 같아
잃어가는 눈빛에 자신이 없어
가을 노을 힘겹게 웃는 모습에
숨소리 같은 환경이 같아 허허해
가을이 오면 잃은 거 찾을 수 있나
가을이 가면 그 자리 돌아 수 있나
비웃는 소리에 헤어나지 못하면
혈관 속 녹이다 흐르면 그만이지
슬픈 눈빛이 살아나 노을에 젖어 버렸어.

꿈을 버린 시간들

가을이 부르지만 감싸지 못함은
바람소리도 인기척도 아닌
골목에 흩어져 흐르는 물거품 같은 마음이었어

가을을 부르면 소용돌이치는 소리가
그립지 않으냐고 물으면 아픈 가슴
바람이 되어버린 기다림은 가을을 믿지 못했어

꿈결에 묻어둔 창 모퉁이 내려와 나를 안으면
삶의 언덕에 지나버린 사랑타령에 갈 수 없어
꿈을 그리다 꿈을 버린 작은 사진첩 하나이었어.

가을을 바라만 봅니다

창가 없이 반짝이는 별이었나 봅니다
퇴색된 마음 잃어버린 시간 채워
감싸 녹인 달 같은 별이었나 봅니다

별 속에 남긴 굴레 속 겨울 준비가
낙엽에 그린 같은 무늬엔 숨결이 같고
창에 있는 투명한 별빛 표정 하나 하나가
나를 감싸고 잠들 수 있는 꿈이라 해도
숙명 아닌 숙명을 뱉어내며 걷습니다

내가 지어가는 집에 잡티를 골라 곱게 쌓으며
색 다른 낙엽이 물들다 흩어져 바람이 된 방랑은
낙엽으로 비벼 만든 포장지에 갇혀 바라만 봅니다.

그 사람이었어

바람에 실려
원했던 시간
눈빛에 머문 시간
싫진 않았어
원했기 때문에

말끝이 돌아선
바람처럼 보이지 않아
다가설 수 없어

데려가 달라 가줄 수 없는
융화(融化) 뒤엔
커지고 있는 미움들이
가슴 않고 잠들 수 있게 해줘
문밖에 남긴 표정하나가
나를 기억하니까.

아무도 기다려주지 않았어

아무도 사랑할 수 없었어
기억 때문에
눈빛에 남긴 상처가
처음 길을 걸었지
아무도 기다려주지 않았지만

가을 들녘에
당신이 남긴 말들
간직하고 싶어지는데
말 못하는 입술만
사랑하자 사랑하자하니
허공 감싸고 말았어
끝내 머물 수 없는 것
함께 할 수 없는 것
가슴만 애타다 잠들고 말았어.

지울 수 없어서

기다릴 수 없어서
알 수 없어서
잠들 수 없어서
기억들 지워 질까 두려워서

함께 있는 것 같아
뜨거움 식어갈 때면
바라보던 자리마저
꿈이란 것
말 못하는 표정 하나하나가
잠들면 떠날 것 같아
잠들 수 없었어.

수신 없는 편지

처음부터 믿지 않았어
볼 수도 느낄 수도 없는
떠난 자리만
기다리고 있었어

별을 보며 말했어
기다리는 시간이 너무 멀다고
우주 공간은 너무 길다고
참다 참다 울기만 했어
전파 속에 사연적어
날려 보냈지만
사연 전하고 올 줄 알았는데
돌아온 메시지는 요금통지서였어.

3부

삶의 흔적들은 가슴이어라

동동주 걸터앉은 입술 -1%
이슬이 내린 마음 속 +1%
오고가다 단풍잎에 머물며

1% 멈춘 밤거리

빈 병에 가득 채운 동동주처럼
스크린 속에 춤추는 필름의 기억 같은
가을 사랑 그대로 속삭여요.

스크린 속 춤추는 영사기 중에서

스크린 속 춤추는 영사기

이 가을이 가기 전에
떠나요 영화 속 낙엽 길로
그대여

동동주 걸터앉은 입술 -1%
이슬이 내린 마음 속 +1%
오고가다 단풍잎에 머물며

1% 멈춘 밤거리

빈 병에 가득 채운 동동주처럼
스크린 속에 춤추는 필름의 기억 같은
가을 사랑 그대로 속삭여요.

시인의 집

넓은 마당 걷는 여름 속
마음과 마음의 연가에
아기자기 흐르는 골목길엔
사람 사는 냄새 좋아 왔노라
담솔한 너 보고 파 왔노라
햇살로 쥐어짠 세월이 웃고
옹기종기한 학교 방들이 자글자글
먹고 살기 위한 삶의 굼터엔
집중되던 눈초리들 속
그 길에 서 있노라
골목마다 스쳤던 핍박의 눈빛들은
수채화 꽃 머금고 긴 세월 피어났으니
신길동 마당 골에 내린 여름의 향기
그 길에 나 그렇게 서 있노라.

모니터가 떨고 있다

모니터가 떨린다
채우지 못함이었나
울림의 깊이는 더 떨린다

복잡한 컴퓨터 안엔
목소리의 잠복기가 길고
봄 향기 같은 시어들만 반긴다

얼어붙은 세월만
그 향기가 높고 낮음
먼발치 알콩달콩 흔든다

가슴이 떨린다
불투명한 약속이 길나
모니터가 밥 달라 떨고 있다.

흘린 말은 인생을 뿌렸다

거리가 흐렸다 개인 건
쌓다만 담이 허물어짐이야

낮과 밤의 불면은
인생을 고문하기 때문이었지

침묵은 마음을 버렸고
허탈함은 웃음을 팔았지

말들이 길어지면 돈을 먹었고
말들이 걸으면 돈을 버렸지

바람이 잠든 고요한 입은
흘린 거센 바람이 인생을 뿌렸다.

회전목마 같은 인생

둥글게 살고 싶었는데
세월 위로 아픈 가지를 치고
하루가 멀다 잘리고 움푹 팬 자리
일 년은 사납고 긴 여행이었다

모퉁이마다 흔적 없는 여운만 기다리고
영혼의 울림은 나를 존재할 뿐
텅 빈 회전목마 바퀴만 돈다
인생으로 만든 길 따라 가면
오열하는 소리만 구슬프게 운다

거리는 회전할 수 없어 반항하지만
안주하고 싶은 마음만 먼발치 배회할 뿐
종착역 위로 왔다갔다 인생을 엮어 메고
인생이 추워 돌다 멈추면 인연이던가

2005년의 시작도 마지막도
뿌리가 잘려나간 가지들은 밤낮 없는 비를 맞았다
꽁꽁 얼어붙은 뿌리의 메모리칩까지 앗아간 채
인생을 먹은 눈물은 회전목마 위로 펼쳐진다.

온라인 광선의 일직선이 운다

온라인 광선의 일직선이 우는데
암탉의 짖음은 하늘을 찌르고
원형의 탈속엔
날개 펴다 부러진 겨울이 처량하다

하늘을 날던 칼날들은
굴레에서 비를 맞아 흙탕물 뒹굴어
회선 타고 하늘로 치솟다
허탈하게 웃는 소리뿐

장터같이 모여든 사람들
먼발치 깡통 같은 깡통의 마음
거리로 흐르는 구슬픈 장단이 웃고
은빛 노을이 먹은 이 밤을 걷는다.

빗물에 익사한 사연

말하고 싶었다
겨울비를 맞는 이유를
말 없는 사연
밤은 비가 외롭다

희억된 목소리가
빗속을 걸으며
은빛 밤 그립다 하니
노을 적셨던 맘
밤을 샤브샤브 적신다

빗물에 떠있는 것 같은 맘
가을로 돌아가려나
사람들 짓밟는 눈빛만 사납다.

처음부터 그가

처음부터 그가
함께 공유했던 만남 꿈꾸며
몸부림쳤던 침묵 벗어난 어울림 속
애타게 기다렸는지 술잔이 필요했는지
인생 냄새가 요리처리 그리웠는지 몰랐어

시로 탈진된 정신은 소주잔에 잃어가고
벗 냄새가 뇌세포 진화를 멈추고
그가 버린 자리의 상처가 새싹처럼 피어나
가슴에 남긴 앙금을 잊기 위한
시작된 가을은 누군가 사랑할 수 있어
또 다른 가을 외출은 천안을 떠난
인천 노을 속에 핀 사랑이 기다리고 있어.

바람난 환풍기

때도 없이 달라 보채면 어쩌니
더위 속 툴툴
위로받는 것은 너 뿐이구나
땀으로 찌든 삶 다 달라하니

골목마다 마음 날리면
들 고양이 허기져 바람난다
여름밤 익히다 부딪치면
숨소리 떨어져 허기져 운다

환풍기 날개 마음먹은
마찰로 생성되어가는 긴 밤
모기까지 구슬피 울어 잠 설치고
꿈만 꿰매 동침하는구나.

당신은 비를 좋아하시나요

비 같은 사랑은 싫어요
온 몸이 눅눅해지고 나면
끈적대는 것은
몸을 적시다만 체온 때문입니다

비가 개인 후 파란 하늘처럼
가슴을 열어
지나가는 소낙비라도
흠뻑 맞아 보고 싶었습니다

그리움이 남긴 땀을 씻어 버리고
맑은 물 같은 물 잔에 취해
언덕 아닌 것 같은 언덕 너머
흐르는 물 중심 속 서있고 싶습니다

당신은 비를 싫어하나요.

하늘바라기

자갈밭 푸석푸석
뻗을 수없는 뿌리 비실비실
밝은 하늘 바라보나 마음은
비구름에 젖어 핀 해바라기

거센 바람 불어와도
뽑히지 않으리
토사가 밀려 와도
잠들지 않으리

그리고
어둠이 그려낸 해바라기 속
알알이 검은 씨앗의 시로
하얀 종이에 피어난
나는 하늘바라기.

세상을 짊어진 무게의 빛

어울려 봉홧불에 산적 굽기 노래
그릇은 타다만 잿빛의 검은 숯만도 못하다

생각으로 만들어 논 함정의 끝은
조각난 말들은 흩어져 모을 수가 없다

노래에 짓눌린 발걸음은 갈등을 짊어진 무게만큼
봄을 먹고 스쳐간 절벽 끝에 어둠이 개인 청야 빛은 좁고

긴 처마 끝 매달린 이름 하나 방향 없이 서성이지만
말벗이 외면한 어둠 위로 나는 기러기 떼
긴 한 숨소리가 요란하다

바람이 반기는 공원 벤치에 임자 없는 중절모자
우산 속 무늬가 겹겹 수놓다 오간 흔적은
텅 빈 거리 쏟아져 내린 시어들로 투정투정
하늘로 치솟던 격은 땅으로 숨고
쟁의들의 수다의 끝은 수평선.

낙하소리는 멀어져가고

밤이 춥다 부르면
안아 달라 가슴 속 노래
절벽에 부딪혀 돌아오니
밤새 태운 희망의 불씨 죽었지

봄 길아 그리운 햇볕은 따뜻한데
가슴에 남긴 눈빛은
회선 타고 흐르다 잊힌 계절
울퉁불퉁했던 수신들은 어둠을 헤집는다

밤이 춥다 눕고
햇살은 창가 숨 쉬다
몽실몽실 피어난 비바람
흐르는 물속 낙하소리 멀어져 간다.

그가 나를 죽였어

음성 양면 죽었다
보고 씹어 죽었다
하다 생각 피었다
그가
그냥
불러 나를 죽었다
피다 꽃이 죽었다

눈빛 죽고
가슴 피고
깊이 죽고
마음 피고

묶은 전화 죽었다
꿰맨 영상 피었다
상상
그로
햇살 젖어 죽었다
짖음 깨어 죽었다

무덤 정지 어둡다.

장맛비가 내리던 날

곡선을 그린 장대비
행복의 여신은 먼 발취
통증의 울림은 꼬불꼬불
화려했던 무대에 그린 희망의 노래

문인으로 햇살 받던 날
봄날에 첫걸음은
무풍지대 속 대장정
그가 감추었던 몸짓은 여리다

차려놓은 수라상에
희비의 시간 길고
얼룩진 통증은 말이 없다
사랑이 그려낸 얼굴들 속으로.

궤도를 걷는 실체의 비밀

맑은 날 실비가 내리고 나면
소화 불청객은 단골인 듯
꽃잎 형체로 쏟아진 눈빛의 모형들은
흔적 위로 부르다 흐릿했다 갠다

이슬로 적셨다 말린 찻잔엔
여울목 늪 속에 단풍 닮은 봄 향기
거울에 갇혀 피어나는 나래 끝 뉘엿뉘엿
겹겹이 누운 무늬만 색채로 수놓는다

들녘 달리는 웃음은 어둠이 먹고
아침 꽃잎에 꿈들은 눈빛이 젖어
언덕 산 너머 높은 담장의 고운 노래로
가슴에 스몄다 남긴 체취로 서성인다

그 길을 걷는 호수 같은 마음은 맑았다 흐렸다 반복
봄볕에 소낙비가 방문하면 무도장에 가면 쓰고 갈 테야
나를 찾는 궤도의 낯선 이방인을 맞이할 준비가 안 되어
거센 태풍을 안고 노을에 녹여 만든 섬에 서 있고 싶다.

엇갈린 수신 방향

마음이 촉촉한 날
송이송이 빗방울
멀고 먼 임 소식 뚫고
반사적 눈빛 왔다 간다

슬프다 봄비
갈증의 목마름은
꽃잎 떨어진 끝자락에
희망의 메시지 잠잔다

꿈틀거리는 꿈만
잊힌 사랑 피어나
희비가 울렁울렁 흐느적거리다
엇갈린 수신 방향은 무인도.

옷을 벗은 여인의 봄은 뜨겁다

봄을 그리며 말한다
옷을 벗고 들어오라 부른다

햇살로 에너지를 충전하며
컴퓨터는 분석중이다

마력에 의한 진화가
위협수위에 도달하게 된다

햇살 먹은 줄기 물오르자
응고된 배설로 촉촉하다

옷을 벗고 말한다
마음을 벗은 여인의 몸은 뜨겁다고.

들개는 똥을 탐낸다

책을 가득 실은 돛단배
태풍을 피하지 않고 풍랑 중이다
파도에 휩쓸린 마찰은
마디마다 부딪친 통증으로
책들은 찢겨 사납게 뒹군다

멈출 줄 모르는 거센 파도는
성난 듯 거칠게 몰아치는데
인공으로 만들어진 해적선 아닌 횡포로
갑판은 조각난 채 삐드득 웃는다
소금 같은 끈적임에 잘린 꼬리 물고 서 있다

가면 쓴 들개들은 양심을 팔고
곱게 만들어 논책을 훔치어가려 하자
잠에서 깬 용왕의 하품소리에 관망하다
들개의 꼬리는 높은 언덕을 바라보며
몸부림치다 똥을 먹고 똥을 부른다.

꿈을 강간한 도로

길거리 옷을 벗은 나무가 있다
날개를 편 철새가
복권을 매단 꿈만 달리고
몸은 돈에 강간당한 채 눕다

지하도에 흐르는 인생
높이와 낮음의 무게
다리를 끌고 가는 술래 바퀴엔
인생 짊어진 어깨가 무겁다

철이 지나 떨어진 잎새 사이
텅 빈 줄기마다 찢어진 울림 속엔
검은 동전을 쫓아 달리고
꿈을 강간한 도로가 웃는다.

4부
가을을 걷는 울림의 소리

울지 않겠다고
맹세 또 맹세했건만
끝내 복받쳐
책 속에 쌓인 사연들이 물으면
가슴을 토하며 오열하는 밤
하얗게 그리다 수놓다
눈 위로 새겨진 이름 하나.

가슴에 수놓은 이름 하나 중에서

달빛 기다림

오늘을 버리지 못함은
희망의 메시지였다
내일을 기다리지 못함은
어둠의 그림자 때문이었다

생각 따라 좀먹어 들어가는 상처의 앙금은
때도 없이 왔다간 흔적들로
하루가 멀다 가슴에 잠자니
털어 버리지 못함은 각인된 눈빛 때문이었다

보고픔이 짙어가는 날에는
통증을 둘둘 말아 빗물에 씻어버리지만
흐름만 있을 뿐 피어오르는 미소에 넋을 잃는다
산을 허물어 만들어낸 눈빛은 바람에 흔들릴 뿐.

가슴에 수놓은 이름 하나

이 밤도 바보야
한파 속
폭풍전야 속에서
울지 않던 사내 울고 말았다

정신력하나로
살아온 지금
갈대처럼 흔들흔들
발 딛고 설자리
깊이 파인 지하 통로 같은 맘
썩어가는 곰팡이 냄새들로
가슴 속 깊이 겹고 등불만
깜빡깜빡 위험수위

울지 않겠다고
맹세 또 맹세했건만
끝내 복받쳐
책 속에 쌓인 사연들이 물으면
가슴을 토하며 오열하는 밤
하얗게 그리다 수놓다
눈 위로 새겨진 이름 하나.

그대는 누구신가요

지나간 흔적 위로
타오르다 멈추는 듯
가슴은 그칠 줄 모르고
허덕이며 누운 채 울렁거린다

수많은 속삭임이
눈이 시리도록 저렸고
희미한 모닥불만 타오르다 꺼진
횃불 아래 그대는 누구십니까

시간 따라 나타나
보고파 부르지 말고
열린 전화 수신자 없는
달빛 마음만 같이 하나요

그대가 다녀간 흔적은
보고픔 적시며 흔들고
마음을 묶어 버리셨나요
글 위로 겹치기만 하는 밤.

밤새 그린 설야

당신을 생각했어요
상상 속 설야
이 밤 그려 봤어요

묵향에 묻어나는 향기처럼
고운 선을 그리며
선율을 느끼곤 했습니다

밤새 그린 설야
아침 바람 편에 보냈는데
받아 보셨는지요.

그대를 사랑해도 되나요

마음은 그대를 향하는데
같은 마음인지 묻고 싶어요
하룻밤 지새기가 힘든 건
그대 향한 그리움이겠죠

애타는 이 마음 아시는지요
세상이 멈출 것만 같아요
먼 발취 볼 수 없는 그리움만 왔다 가니
미친 듯 방향 따라 달려보곤 합니다

가슴이 타들어간 흰 잿빛은
심장 박동을 더 크게 흔들어
훑고 간 거리에 멈추게 합니다
그대를 크게 불러 봐도 되나요.

창호지 떨림의 소리

낙엽이 떨어진 길을 걸었다
숨소리는 그대를 향하고
익어 짙어만 가는 어둠은
가슴을 적시고 말았다

떠나버린 그리움도
여운이 만든 시련의 가슴
울퉁불퉁 수놓다
욕구만 불타다 거리를 엿보네

달빛이 그리운 밤
연초점에 담겨진 비밀들은
신비스럽게 다가오는데
햇살에 말린 창호지 떨림의 소리만.

보고픔 이제 느낄 것 같아요

나를 슬프게 하나요
보고픔 가득한 세월
운다고 해결되는 것도 아닌데
돌아오는 것도 아닌데
술에 취한 거리로 도배하나요

잊으려 몸부림 쳐도
눈을 감았다 떠도
그 자리에 서있어야 하나요
보고픔 자꾸만 쌓이면
깊은 수렁에서 늪에서
깨어나지 못하면 어찌하나요

한 달은 무덤덤했고
두 달은 허전 했었죠
석달은 보고픔 짙어
그립다는 것
이제 느낄 것 같아요

이 세월 어찌해야 하나요
너무너무 매정합니다
얼마나 더 보고파 해야 하나요.

햇살을 먹은 겨울 빛

겨울 빛 토해 버리고 싶었는데
엉겨 붙어
살갗을 뚫고 아픈 곳만 찾아다니며
묵은 때 벗기려다 녹이나 버렸다

붉은 핏물이 흐르는 곳엔
상실된 흰 기억들이 꿈틀대고
빛이 흐르는 곳을 끊어 버리려 하니
불투명한 내일이 보이질 않는다

오장육부를 도려내고 싶다
살갗 부위마다 숨 쉬는 곳에서
시작된 생각은 아픔을 만들고
잠을 세워놓은 겨울 빛 어디로 비치나.

하늘 저편에

하늘 저편에
구름을 몰고 온 기러기
겨울 철새가 아닌 가을을 거닐며
고향 하늘같은 철새만 보인다

이방인들의 핍박은
수렁 아닌 수렁 길에 잠식된 채
평창 된 고무줄에
또 다른 인생을 묶는다

타인들이 비켜선 거리엔
시안부가 거래되지만
자판 위에는 한국 신문이 외면된 채
하늘엔 구슬픈 구름 모양만 떠있다

국경의 노을은 사납게 엉켜
밤새 거세게 몰아친 가슴은
엄마의 바다만 보인다
하늘 저편에.

하얀 그리움

01분은 거울 앞에서
10분은 영화 속에서
1시간은 너의 향기로
2시간은 너의 엽서로

가슴으로 파고드는
하얀 그리움
온몸은 너의 열기로
짜릿한 입술로 다가선다

전개되는 영사소리
가을 연가 속으로
출렁이는 파도로
터질 듯 가슴으로 밀려와
너와 같은 그리움
거칠어지는 숨소리는
광케이블 타고 초고속으로
너의 가슴에 종을 울린다.

유리속의 영사기

날이 밝으면
필름 속에 갇혀있던 그 날이
내 눈에 다시 영사되어
그리움으로 내 눈을 시리게 한다

햇빛 사이로
그 날의 목소리가
심장을 터질 듯 짓누른다

눈을 감아도 눈을 떠도
악몽은 시작되고
온몸이 찢겨 피투성이가 되어도
그 날의 영사기는 멈춰 서지 않는다.

하늘나라로 쓴 마음편지

수신자 없는 편지를 씁니다
편지는 갈 수 없지만
마음은 갈 수 있을 것 같아서요
보고 싶다 그립다 씁니다

편지라도 안 쓰면
미칠 것만 같습니다
이 시간이면 울기 시작하니까요
허상일지라도 못 받아 보더라도
기대고 싶은 맘 위안 삼아
창가에 내리는 별을 보며 씁니다

바람 타고 다가오는 것만 같아
가슴이 터질 것만 같습니다
밤마다 별을 보며 달래곤 하죠
편안해 지니까요

별들이 희미해집니다
참으려 했지만 눈물이 나네요
백지 위 얼룩진 맘 적었습니다
주소 하늘나라로 적으면 되나요.

바라만 봐도 생각만 해도 좋은 사람

천릿길에 있어도
너를 바라볼 수 있어
그게 사랑이 아니더냐

생각하는 마음에 따라
움직임 따라 같이하니
행복한 발걸음이야

함께 걷고 있으니
세월을 막지 못하듯
흐르는 인생도 막지 못하니
바람 따라 떠돌다 멈추면
잠자고 쉼 쉬는 곳이
우리네 인생이아니더냐

갈증 아닌 갈증으로
목마르다 보면
화만 나고 괴롭기만 하니
증류 수 같은 맘
저 높은 곳에 비우고
바라만 봐도 생각만 해도 좋은 사람.

비가 내리면 난 아픈 걸까요

새벽 비가 내린 날
참다 참다 끝내 울었다
그 빗줄기에 쌓인 사연들
와르르 쏟아져
당신을 느낄 수 있을 만큼
가슴을 휘감고 말았어

가로등 불빛 사이
보고픈 글들이 내리다
지쳐 희미해져
가슴만 흔들어 놓고
새벽 비는 봄비였는데
냉정히 도저히
외면하고 말았어

비를 맞는 저 사내
무슨 사연이 있기에 저렇게
구슬피 우는가
비야비야 멈추어라 비야.

아침이슬

낙엽을 바라보니
그만의 존재를 담아
고운 잎새 되어
역경도 잘 견디어낸 듯하다

나를 반갑게 맞으며
미소도 짓고
아름다움을 만끽하듯
절정의 순간이 다가와 있다

바람에 흔들리니
빨간 손수건처럼
펄럭이면
나를 부르는 것만 같다

의사소통은 안 되지만
바라보는 시선은
단풍잎에 흠뻑 젖어
가슴을 녹이고 있다

잠시 단풍잎에 반해
넋을 놓고 바라보는데
잎새 위로 이슬방울 흐르니
짜릿한 감동의 순간을
가슴깊이 간직하고 싶다.

당신에게 보내는 마음 편지

밤을 지새우며 편지를 썼어요
기약 없는 세월을 그리며
고장 난 전화기 바라보며
속고 속이는 세상

편지보다 빠른 게 마음인데
눈빛보다 빠른 게 초고속인데
전화는 고장 나 기어가고
눈빛은 회선이 끊겨 걸어갑니다

당신이 보고 싶어지네요
마음을 보내면 받아 보실 수 있는지요
광케이블에 담아 보냅니다
마음을 받아보셨는지요.

섬

섬은 울었다
먼 육지가 그리워
외로운 등대가 되어
꽃샘바람에 꺾인
나뭇가지 흔들림에도
봄은 돌아오지 않았다

섬은 침묵했다
썰물로 씻긴 듯 달랬고
비릿한 냄새에 시달리고 나면
거센 파도가 밀려 와
갯바위 같은 맘이 떠난
이별은 돌아오지 않았다

섬은 걸었다
질퍽대는 갯벌을 더듬으며
육지에 누어
파도가 유혹하다
썰물에 흩어져
섬에 떠다니다 갇혔다.

가을빛 노을

가슴으로 불태운 노을
너의 사진들로
가득 채워 바람타고 메아리친다

흔적은 돌아봐도 보이지 않고
너의 목소리만 아련한 강물 위로
잔잔한 파도로 내 마음 전한다

잠에서 깨어나면
너의 사진들로 도배하고
마음을 진흙 속에 담아 돌이 되니
진흙 담을 쌓고 바람막이로 살았다

세월이 그리울 땐
황금 빛 노을에 잠시
너의 그림들을 띄워 보내면
인연도 기다림도 강물이 삼켜버린다

강을 바라보면 가슴만 흐르고
목이 메어 너의 이름을 불러보지만
뿌연 그림자는 터지도록 파고들고
터진 핏방울은 강물 위로
나의 이름 쓰며 흐른다.

가을꽃 겨울나무

가을꽃 향기로
다가서고 싶은 사람

겨울나무처럼
따뜻한 불태우고 싶은 사람

바람에 날리는 낙엽 길
역마차를 타고
영화처럼 달리고 싶은 사람

하얀 겨울나무 되어
화려한 눈꽃 날리며
이 겨울이 가기 전에.

창밖에 비가 내리면

창밖에 비가 내리면
마음은 창밖으로
빗방울 되어
유리 타고 촉촉하게 흐른다

적막한 불빛은
온몸이 시려오고
하얀 밤 서성대다
너를 가슴에 넣고 잠든다

계절이 바뀌면
터질 듯 밀려오는
거리의 무법자 되어
너를 쫓아 헤맨다

어둠은 경계선으로
검은 먹구름들로
철조망 속에 갇혀
피투성이가 되어있다

찢어진 다리엔 피가 흐르고
뿌연 창가에는 빗방울 위로
거센 비바람이 몰아치니
터질 듯한 가슴은 창밖으로 서성댄다.

5부
눈빛이 시리도록 아팠던 기억

어둠속 무명초 꽃
흐르는 물처럼 낙엽을 보고
헤엄쳐 나온들
기적소리 목 놓아 조이고
짓밟혀 뒹구는 깡통의 울림도
콘크리트 마디마디 무게에 짓눌린
숨소리가 지하에 흐른다

지하에 핀 어둠의 꽃 중에서

지하에 핀 어둠의 꽃

어둠속 무명초 꽃
흐르는 물처럼 낙엽을 보고
헤엄쳐 나온들
기적소리 목 놓아 조이고
짓밟혀 뒹구는 깡통의 울림도
콘크리트 마디마디 무게에 짓눌린
숨소리가 지하에 흐른다

백차들이 모여 있지만
가야할 교통비가 없다
폐타이어에 새겨진 딱지
생산지마저 찾을 수 없는
누렇게 탈색된 검은 굴레에서
절단된 채 뱁새눈은 절벽에 매달린다

창 너머 왔다갔던 지하도엔
무명초 꽃잎만 떨어져 짓밟히고
지나는 사람은 말이 없다.

자유의 빛은 반사각이었다

희열이 내린 광장
비둘기 한 쌍의 속삭임
청춘이 흐르고
인생의 역경이 웃는다

몸짓 넋을 놓고
봄볕 녹은 자리
굴레 속 앙탈은 어두운
희망의 메시지였다

광장 멈춘 희비의 비둘기
눈빛 먹은 앙금은 길마다
찢어진 자화상 같고
변질한 땅 허기짐이었다

그날 이날
영상 담아 울고
역광 빛에 반사되어 나는
빛은 희미한 자유.

남양 빛에 통 말이 젖는다

꽃잎의 무리 웃고
꽃 수 움푹움푹
은빛 강 건너 떠다니니
가냘픈 몸짓은 무겁게 난다

꽃잎 같은 마음
핥고 간 바람이 낳은 핑크빛
계절의 호젓한 자태 닮은 세월
꽃잎 떨어트린 눈빛 서 있다

꽃잎으로 미완성된 달력 하나
눈빛을 삼킨 꽃잎 닮은 입술의 유혹
강 건너 날 수 없는 봄은 어슬렁
남양 빛에 익은 텃밭마르지 않는 통 말이었나
노래 속 상상의 꽃잎이었나.

마음이 죽어 졸고있다

껍질을 세월만큼 벗기니
비극의 눈빛만 왔다 가고
빈틈없는 창살은 겹겹 태산이
쌓였다 무너졌다 하네

인생사 맛을 느낄 수 있다면
허기는 안 지련만
텅 비어 인척이 없는 것은
인생 논문을 잘못 쓴 것이로다

배를 채우려 산다면 돼지만도 못하니
먹이 찾아 산은 험난하기만 하고
걸터앉은 육신은 죽는 날까지 취조당하니
영혼은 사방을 기웃대며 방황하는구나.

채울 수 없는 빈 잔

빈 잔을 채울 수 없다
봄은 바닷가 먼발치
너울대니 어찌하나
채울 수 없는 인생인 걸

몸이 눕는다
알쏭달쏭 야릇한 창밖
왔다 간 흔적 없고
몸만 치솟는다

식어가는 빈 잔
아침을 걸으며
저녁을 생각하며
빈 잔에 인생을 끌려 채운다.

거리마다 야구 얘기가 거론되던 날

광장에는 넋을 놓고 망연자실 하는 울림은
덕수궁 돌담에 익사한 영혼의 먼지들만 일어나 울고
거리마다 젊음을 돌려 달라 애원한들
오고 가다 잊힌 얘기가 되어
책 속에 잠자던 총탄소리가 아련히
광장에 울려 퍼질 뿐 패자만 들썩들썩하다

거리 곳곳마다 총 칼의 핍박은 거론되고
풍류객들이 걸어간 골목마다
막걸리 한잔에 가슴 쓰리고
자판마다 인기 몰이 하던 신문들이 끔뻑끔뻑
한 발도 물러설 수 없는 숙명적 대결은
광장마다 모여든 아들을 거론하며 메시지를 보낸다.

꽃망울 터질 듯 말이 없다

봄노래이어라
와들들 화들들
꽃바람 찾는 선바람

겉치장에 눈은 뜨겁고
속치장에 눈은 돌아서
수양(修養)은 땅을 본다

봄을 엿본 몰락은
전비(前非)의 뿌리가 뒹굴고
봄을 그린 초심은 서 있다

꽃바람 춤을 추고
봄바람 노을 대니
춘 삼월 봄볕은 떨고 있다.

봄이 오는 길엔 익사한 영혼의 소리뿐

겨울아 가을아 떠나라
녹아내리던 고요함이
봄을 만나지 못해 몸부림치는 땅은
재 너머 산을 바라보고 있다

겨울을 녹인 물은
넓은 곳을 찾아 항해 준비하다 멈추고
하루를 몰고 다니던 바람은
겨울을 삼켜 동풍이 토해낸다

겨울아 어린아이 울음소리를 들었느냐
겨울잠에서 깨어나 부르는 소리를 들었느냐
들녘에 햇살구경 나왔다 얼어붙어
동동 구르는 소리가 익사하는 구나

겨울아 가을아 멈추어라
철새가 떠난 강물엔 봄을 놀던 소리가
살려 달라 애원하며 소용돌이치지만
봄이 오는 길목이 익사해 마음만 애타는구나.

글들이 토해낸 것을 먹고 깡통은 웃었다

주말 찌그러진 별 보는 날
게시판에 실린 글들은
가슴을 감싸며 위로하자
뽀글뽀글 향수가 번진다

어둠을 실은 창밖은 물처럼 흐르는데
개 짖는 소리가 구슬프구나
사랑의 담긴 그대 마음 읽으며
가슴 탄 감동은 연속이었다

게시판에 떠다니는 달빛은
낙엽으로 그리다만 꽃이 되어
글을 먹고 날아와 꽂히니
글들이 토해낸 것을 먹고 깡통은 웃었다.

낙엽이 아프다 울면 밤이 익는다

꽃잎은 철새 따라 흐르고
단장한 언덕 위 낙엽 길은
솔솔 노을빛 입맞춤하니
가을밤 꽃잎에 멈춘 거리

타인들 같은 흐름은
투박한 억양에 눈빛이 울고
마음 묶은 들녘 안개 빛은
탄소의 입술이 앙앙 짖는다

인생을 쫓는 신호등 불빛은
아프다 부르면 뒷걸음치고
서울에서 출발한 완행열차
고갯길 물든 잎새 피어난다

겨울이 춥다 낙엽이 울면
모닥불 타다만 불씨가 떠오르고
가을을 벗긴 하얀 겨울
바람이 멈추다 걷는 발자국 하나 그립다.

표고 속에 갇혀 화선지가 된 풍경

액자 담길 사연하나 뚝
몸을 감은 표고 색깔은 어둡고
보이지 않는 지하 색은 밝다
영등포공원 풍경들이 구슬퍼 한다

맑은 날 비 맞고 서 있는 사내
하늘은 먹구름
거리는 잿빛구름
뻥 뚫린 마음속엔 생각이 떠났다

눈빛에 젖은 밥알들이 둥둥 떠다니지만
먹을 기력도 희미해지는 입술 위로
분별없이 왔다 갔다 하는 사람들
아파트 같이 지은 집에 갇힌 사람들이었다

영등포공원 풍경화 속에
갇혀 마음이 죽은 노숙자를 보고 외친다
맑은 비를 맞아 초롱초롱한 눈빛이
송이송이 맺혀 표고에 짙게 베어 흐른다고.

반사된 수정 빛

1
수정 속에 담긴 빛
마음 밝혀 걷는 길
벽을 허문 나의 빛
멈춘 곳엔 늪의 길
달빛 속에 혼의 빛
수정 같은 맑은 길

2
갇혀 버린 수정의 빛 거리를 질주하다
햇살 녹인 햇살 속 침묵을 깬 건너 뛴 길
미로 속 여행은 마음 열고 있었다
노래가 흐르는 곳 역류하고 싶은 인생의 모임
수정 같은 역광의 조명 빛 그림자 춤으로 겹쳐
잎새 떨리는 소리에 매미가 울어 더위 식힌다.

죽어가는 숨소리를 들었어

살아있는 뿌리가 될 공원에
마디마디 엉킨 혈관들은
고향을 잃어 기억 없는 것 같아
아프게 한다

햇살 눈부셔 바라볼 수 없고
그늘 찾아 누운 생각 살아있었지만
하루가 불안하게 느껴지는 이유
잠에서 깨어나지 못할까

의식 없는 세월
가족으로부터 버림이란 말인가
저렇게 인생이 끝나는 것일까
무의식 절차 속에 몸부림 이란 말인가.

허탈하게 웃고 서있는 장맛비

빗소리가 크구나
산을 먹고 집을 먹고
뱉어낸 토사가 구르면
산이 아파 울더냐
몸이 아파 울더냐

빗물 덜거덕 구르면
목 아프고
빗물 또르르 굴러 맘 토해내면
빗물아 아픔만큼 시원하더냐

속수무책으로 당하는 흉측한 살인현장
비로 만든 칼날들이 사방을 찌르고 아서라
산도 집도 마구잡이로 뿌리를 자르고 아서라
사람 닮은 표지판이 허탈하게 웃고 서있다.

마음이 죽었다는 것을 알았다

여유롭게 웃는 저 나무를 봐라
찌든 세상 걱정 없이 살랑대는
저 소리를 들어봐라
소곤소곤 어둠을 먹은 절벽

웃음 파는 저 세월 봐라
존엄성마저 탐욕으로 상실되어
가면 쓴 채 나오는 헛웃음
탈을 쓴 탈 벗기고 싶구나

내 마음은 죽었다
저 나무만도 못한 인생
마음을 찢어 숲에 버리고 싶다
사치스러운 눈이 부끄러워서.

아침이 다시 돌아오나

아침이 다시 돌아오나
멈춘 시간 틈 사이
감미롭게 다시 돌아온 목소리
그대는 내 영혼의 소리였다

가깝다가 먼 소리
바다건너 타향살이 노래가 살아있는
텅 빈 영혼의 존재는
강강술래 속에 그리운 달빛이었나

길 따라 시가 좋아 걸어도
아침이 가면 안 가면 고무줄 같은 마음이
혼돈으로 섞여 초고속 회선을 먹고
먼 바다 위 길 따라 피어난 아리랑 고개.

여름을 먹고 토해낸 거리는 태풍전야

고목나무 하나가 어둠을 걷는다
겉으론 생생한
나뭇가지 살랑 흔들지만
세월을 쓸고 간 흔적은
울퉁불퉁 패인 자리가
그 동네 이름들로 변해 거론되는
영등포의 밤은
어둠을 먹은 탓인지
검게 그을린 탓인지
빛을 잃은 눈빛들만 기웃거리는데
기적은 레일위로 질주하지만
멈출 종착역은 이름 모를 낯선 곳
거리에 내린 빗물로 넘쳐 주체 못하고
짧게 들려오는 외마디 소리는 가뭄을 토해내지만
고목나무에서 떨어진 낙엽의 길은
같이 가자 바스락 바스락
함박눈으로 짓눌려 나뭇가지하나가
찢어진 소리가 메아리치지만
철따라 이동하는 기러기 떼 나를 본다.

우리는 한마음

회유하는 둥지의 눈빛들이
시간에 쫓기며 방황하는 것은
그 시간의 목마름에
결핍되어 있기 때문이었다

붉은빛으로 물든 길가엔
삼삼오오 월드컵 얘기가 거론되고
함성이 낳은 울림의 핏줄은
한마음 바다 건너 치솟아 오른다

마음을 먹은 물결의 소리는
어둠을 밝히고 흥분은 밤을 걷고
사랑도 정열도 멈춘 거리마다
축구공 하나가 둥실둥실 노래 부른다.

12월의 태풍은 잠들지 않으리

사랑의 기적소리도 잠든 밤
사납게 뒤엉킨 다리만 눕는다
당신은 말이 없는데

이곳저곳 움직임만 보이고
바라보면 짙어지는 그리움
볼 수는 없지만 가슴만 함께한다

지쳐가는 은빛 노을
발자국도 없는 일직선 끝
태풍 같은 마음만 서 있다.

힘들었던 기억들

30년 속 긴 여행은
문패마다 쉴 틈 없이 불안한 눈빛
부끄러워 마음 조이고
고지서 통지마다 긴급긴급
어둠의 빛은 개었다 희미했다 연속 된 나날들

성공 못한 사람은
가족으로부터 사회로부터 따가운 시선
천근 같은 발걸음 기댈 곳 없는 그날
노숙자 아닌 노숙자가 되어
한강다리 위에 핏줄 같은 무늬들

노을빛 물결 위로 춤추는 아이들 웃음 뒤엔
얼룩진 세월이 메아리치고
나만의 아닌 현재를 조명하며
시대적 배경이 낳은 삶의 감사한 흔적들
힘들어도 웃을 수 있는 오늘이 이었기에.

윤기영 시인의 詩評

-시인이며 비평가 윤 정-

윤기영 시인은 '시는 세상의 모습이며 처음의 시작이다.'라는 시각이 잘 드러난다. 영화와 순수한 문학을 삶으로 살면서 비우고 싶은 간절한 순수함이 문학적 깊이를 더해 잘 이해할 수 있게 압축되어 있다. 옛 선비들은 시시비비가 끊이지 않는 세상을 살면서 공명을 의식하지 않고, 소유와 집착도 없이 순수한 마음 상태를 지향하는 것이 높은 가치라고 여겼다. 이는 노자의 세계관의 핵심이 되는 '빔(無爲)'의 참 가치를 터득한 데서 얻어지는 세계관과 맥을 같이 한다. 인위가 개입되지 않았으나 주관과 객관이 적절히 융합된 행위를 도외시하지 않았음도 이 '無爲'에는 포함되어 있다. 이런 동양적 관점에서 윤 기영 시인의 시를 살펴보면, 그의 시에는 진정한 삶을 성실히 자각하고자 하는 깨달음이 '無爲'를 지향하는 시의 모습으로 나타나고 있음을 알 수 있다. 이 깨달음의 본질은 현실의 삶이 갖는 존재의 모순을 자각한 데로 비롯된 자신의 아픈 각성이기도 하다.

-.근원과 모습의 일원성이다

그대가 나를
너무 사랑했기에
험난한 절벽 위에
고운 손이 있어 슬퍼하고
바람 아닌 바람으로
내면을 다스리며
먼 훗날 한 페이지 글 속에
우리가 처음처럼 그대를
사랑했노라고 말하는 거야

-[처음처럼]- 전문

근원과 모습의 동질성과 이질성을 다루고 있는 것이 그 첫 번째다. '처음처럼' 이라는 시가 본질과 비본질 간의 이원적 가치에 대하여 깊이 사유하고 있다. 노자는 '이름 지어 부를 수 있는 이름은 참다운 실재의 이름이 아니다'라고 했다.
모든 존재는 인간사유의 대상물로 전락하기 이전에 제 스스로 존재하는 자연 상태를 유지하는 통일체이지만, 일단 인간 사유로 인해 이름이 붙고 나면 이미 스스로 존재하는 자연 상태는 사라지고 만다는 의미이다. '그대, 사랑, 험난한 절벽, 바람 아닌 바람으로......' 가다가 '처음처럼 그대를 사랑했노라고 말하는 거야'의 의미는 이름이 붙고 난 후의 존재는 참다운 실재로서의 본질적인 의미를 잃어버린다는 것을 말하고 있다. 더 이상 이전의 자연 상태로 존재할 수 없기에 이름 지어진다는 것은 진아(眞我)가 될 수 없다는 것이다. 어떤 것에도 구속되지 않을 것이다. 그렇게 된다면 어떤 것으로도 자유롭게 존재할 수 있다는 것을 윤 시인은 잘 알기에 늘 이름 없음의 깨달음이 고독감이나 고통으로 나타나는 것이 아니라, 성정에 어긋나지 않는 자기존재를 찾아가는 작업임을 말하고 싶어 '처음처럼'의 의미가 나를 버린 비움을 '사랑으로' 말하면서 근원과 모습의 동질성과 이질성을 드러낸다.

이런 날이면 눈물이 난다(중략)
당신생각에
눈물이 난다(중략)
만나는 날까지
잊을까
당신 생각에 눈물이 난다.

[당신이 남긴 가을의 노래] 전문 중에

눈물은 무엇이든 독자적으로 존재할 수 없으며 모든 것이 얽혀 있어 때가 이르면 이 얽혀 있는 것들과 사라지기에, 고정불변으로 혼자 존재하는 것이 아님을 일깨워준다. 눈물 보다 더 아픔이 세상에는 얼마든지 존재한다는 사실을 알게 되면 눈물로 더 홀가분하다는 사실을 깨우치게 된다. 그래서 인욕은 진정한 생명력의 약동이지만 그 참회의 바닥에서 늘 눈물이 기다리고 있다. 눈물 없이 진정한 자기 존재의 확인이 불가능하기에 작가는 표현할 시어를 '눈물'로 승화시키고 있다. '힘들고, 고독하고, 무거울 때, 못다 한 말'에서는 오랜 세월 흔적 없이 머물고 싶어 한다. 자신의 존재가치를 굳이 내세울 필요도, 내세우고 싶어 하지도 않는 시인은 '그대' 곁에 눈물을 두고 머물고 싶어 하는 간절한 순수함이 묻어 있다. 인간이 사유의 대상물로 전락하기 이전, 스스로 존재하는 자연 상태를 유지하려는 통일체로서의 면모를 지닌, 가치 있는 자아의 모습으로 가기 위해 스스로 성찰하고 참회하려는 눈물이 작가의 가슴 깊은 내면에 가득 차 있다.

_. 받아들임과 부딪힘 사이의 융화다

이 가을 가기 전에
떠나요
영화 속 낙엽 길로
그대여

동동주-1%
마음 속 +1%

1% 멈춤

스크린 속에 춤추는
필름의 기억 같은
가을 사랑
그대로 속삭여요

[스크린 속에 춤추는 영상기] 전문 중에서

시는 시인의 상상력을 토대로 해서 인간 체험을 언어로 전달하는 구조적 특성을 가진다. 하지만 인간은 일상적으로 사용하는 언어 매체 외에도 표정, 억양, 음성의 고저장단, 손짓 발짓 등을 통해서 의사를 표현한다. 이 때 언어의 사용이 아닌 '無言'의 의사 전달이 큰 몫을 차지한다. 붙여 쓰는 언어보다 갈무리된 언어가 중요한 것은 이 때문이다. 이 경우 해결해야 할 난제는 시인이 의도한 바가 수용자에게 바르게 이해되지 않을 수 있다는 점이다. 왜냐하면 언어는 관념이다. 원관념에 대한 입력의 차별성이 있기 때문에 부려 쓰는 말은 상상과 이해에서 차이가 생기고 서로 다른 환경 속의 시인과 독자 사이에는 의미 파악에서 부정확한 전달의 경우가 허다하다. 그러기에 언어의 한계를 뛰어넘는 '無言'은 암시, 은유, 페러디 등에 의해 숨겨진 이미지를 읽어내는 것으로, 이는 시인의 숨겨둔 의미를 찾고, 시인의 의사를 감지해야 하는 어려움이 있다. 그렇기 때문에 독자들은 오히려 그 비밀스러움을 찾기에 묘미가 더해지고 시의 효과는 더 높아진다. 독자들에게 오해를 발생 시킬 수 있고, 혹자에게 전달되지 않을 수 있다. 그 시각을 확실히 보여 주는 것이 삶이다. 그것이 아마 '無言'이며 바로 '行'이다. 영화감독으로 필름으로 드러난 세계, 즉 이미지 세계에서 감성은 '동동주'로 접근하여 다운되지만 도리어 순수한 '마음 속'으로 다시 업을 시키면서 '받아들임과 부딪힘' 사이에 실제적 삶의 융화가 잘 전달하게 되므로 윤 시인의 의미는 독자에 읽혀지면서 상당한 차이를 볼 수 있다.

오늘을 버리지 못함은
희망의 메시지였다(중략)
어둠의 그림자(중략)

떨어 버리지 못한
각인된 눈빛(중략)

산을 허물어 만들어낸
눈빛은 정지되어 있다

[달빛 기다림] 전문 중에서

시인은 인간으로서의 자기 존재를 망각한 상황 속에 놓음으로써 무한한 힘을 가진 존재로서의 자연과 절대의 자유 속에 '달빛 기다림'을 통해 자신의 존재를 발견하게 된다. 자연과 자신을 구별할 수 없을 만큼이 아니라 자기 존재의 미미함을 확인하는 매개로 '달빛'이 표현되며, 이는 근원적으로 자연의 섭리에 공감함으로써 자연 속에 자신을 포함시키는 '인간의 자연화'라는 미적 체험을 경험하게 된다. 따라서 시인은 말을 하지 않아도, '無言'은 의미상으로는 오히려 시시비비를 떠난 인간의 모습을 느끼게 한다. '산을 허물어 만들어낸 눈빛은 정지되어 있다.' 자연을 선한 모습으로 인식하는 시야로, 인간이 조화롭게 살아가야할 이상적 터전으로 생각하고 있다고 보아야 한다. 받아들임의 인격적 수용과 부딪힘의 현실적 관계 속에 자연적 관계로 승화시키면서 삶의 흔적을 잘 융화시키고 있다.

어둠속 무명초 꽃
흐르는 물처럼 낙엽을 보고
(중략)
콘크리트 마디마디 무게가 짓눌린
숨소리가 지하에 흐른다
(중략)
폐타이어에 새겨진 딱지
절단된 채 뱁새눈은
절벽에 매달린다
(중략)
무명초 꽃잎만

떨어져 짓밟히고
지나간 사람은
말이 없다.

[지하에 핀 어둠의 꽃]

전문 중에서

-. 多卽一 사상의 접목이다

많음은 바로 하나다
이 세상 모두가 많은 것 같지만 결국 '하나' 이다.
둘로 나눌 수 없는 우리는 이미 이데올로기와 자본적 물질론에서 이원전 사고에서 다원적 사고로 바뀌고 있다. 위 시에서 아마 윤 시인의 시는 '多卽一' 사랑에 접목되어 있다.
잘살고 못살고 모습적 한계와 소유적 관계를 떠나 자기 철학의 관점에서 일심 설을 설파하고 있다. 道란 온 세상을 고루 펴져 마침내는 일심의 근원으로 돌아온다. 결국 인류가 출현하기 이전부터 존재해 왔던 어떤 신비적이고 초인간적인 절대정신이다. 이 정신은 도가 아무리 사물에 깃들어 있다고 하더라고 결국에는 마음의 근원에 되돌아오게 된다는 의미로 아마 '지하에 핀 어둠의 꽃'도 나눌 수 없는 인간의 근원적 접근이고 현실을 파괴한 사상적 일원론이다. 모누 마음에서 빚어낸 것으로 '一心'에서 벗어나서는 어느 것도 따로 자체를 갖지 않는 다고 했던 원효의 '起信論'에 부합한 불교적 사상의 자비적 관점에 매우 강한 순수한 시인의 마음이 돋보인다.

-.삶은 무소유의 조각을 버리는 여정이다

윤 기영 시인은 시적 사유의 보편성과 자신의 시야로 세상을 발견하려는 노력이 아름다운 비움과 순수의 결정체인 '無'의 조각들로 비춰지고 있다는 것이다. 인위적인 것 때문에 인간의 본성을 잃지 않길 바라고 있다. 그는 시를 통해 '처음으로'의 의미로 다가가서 감정을 정리하고 다시 존재 확인을 위해서 긴 여정을 시로 승화하고 있다.
윤 시인은 삶이란 무소유의 조각을 버리면서 둘이 아닌 하나의 우리를 꿈꾸면서 시를 통해 자신을 버리고 있기 때문이다.

시 평론 윤 정 시인

시인이며 비평가
병리심리분석가
현) 나봄심리상담연구소운영

책을 만드는 사람들
도서출판 현대시선

우편번호 150-051
서울시 영등포구 신길2동 188-396호
(현대시선 문예지)
사무실 : 02-844-5756 02-2633-5756
팩 스 : 02-831-5832
홈페이지 http://www.hdpoem.co.kr
Eail- film20022002@hanmail.net